Saxophone Alto Vol. 1

ESSENTIAL ELEMENTS
FOR BAND

MÉTHODE COMPLÈTE POUR ORCHESTRES ET HARMONIES SCOLAIRES

TIM LAUTZENHEISER
PAUL LAVENDER

JOHN HIGGINS
TOM C. RHODES

CHARLES MENGHINI
DON BIERSCHENK

Faire de la **MUSIQUE** c'est…
Mettre chacun au centre d'une aventure artistique unique.
Utiliser les talents individuels pour la réussite d'un projet collectif.
Savoir écouter, respecter, partager et communiquer avec les autres.
Inventer de nouvelles couleurs pour créer un monde harmonieux,
Qui développe la créativité et renforce la confiance en soi.
Utiliser un espace de plaisir centré sur un langage universel.
Enrichir le quotidien dans tous les domaines de la vie.

LA MUSIQUE : un élément essentiel de la vie !

HISTOIRE DU SAXOPHONE

Le premier saxophone a été inventé et breveté en 1840 par le Belge Adolphe Sax. Dans les orchestres à vent d'aujourd'hui, le saxophone se prête à de riches mélanges de timbres. Il est également très populaire dans le jazz, où on l'entend souvent en solo.

La famille des saxophones comprend le soprano en Si♭, l'alto en Mi♭ (le plus courant), le ténor en Si♭, le baryton en Mi♭ et le saxophone basse en Si♭. Le doigté est pratiquement le même sur tous ces instruments, ce qui les rend accessibles à tous les saxophonistes.

Peu utilisé dans la musique savante européenne du fait de son apparition tardive, on trouve néanmoins le saxophone dans certaines oeuvres de Bizet, Ravel, Lalo, Debussy, Prokofiev et Berlioz. Les jazzmen Duke Ellington et Coleman Hawkins ont largement contribué à définir le son unique de l'instrument.

Eugène Rousseau, Marcel Mule, Charlie Parker et Nobuya Sugawa sont des saxophonistes célèbres.

To create an account, visit:
www.essentialelementsinteractive.com

Code d'activation pour l'étudiant
E1AS-FR24-9795-8910

ISBN 978-90-431-2361-7

HAL•LEONARD® CORPORATION
7777 W. BLUEMOUND RD. P.O. BOX 13819 MILWAUKEE, WI 53213

ÉLÉMENTS DE BASE

Posture

Asseyez-vous sur le bord de votre siège et conservez toujours :

· Le dos bien droit
· Les épaules décontractées
· Les pieds à plat sur le sol

Respiration et souffle

La respiration est un acte naturel et constant. Bien respirer est essentiel pour produire un son ample et rond. Pour contrôler la respiration, effectuez l'exercice suivant :

· Placez la paume de votre main en face de votre bouche.
· Inspirez profondément, sans soulever les épaules. Votre ventre se gonfle comme un ballon.
· Murmurez doucement « tu… » en expirant l'air progressivement dans votre paume.

Le souffle forme une colonne d'air qui produit des sons lorsqu'elle traverse l'instrument. La langue agit comme une valve ou une soupape qui laisse passer l'air.

Produire un son

L'embouchement est la position des lèvres sur le bec de l'instrument. Comme il faut du temps et des efforts pour obtenir un bon embouchement, suivez attentivement les étapes suivantes :

MONTAGE DE L'ANCHE
· Prenez l'extrémité plate de l'anche dans votre bouche pour bien l'humecter.
· En regardant le côté plat du bec, les vis de ligature sont à droite. Avec le pouce, faites glisser la ligature vers le haut.
· Placez le côté plat de l'anche contre le côté plat du bec, sous la ligature.
· Baissez la ligature et positionnez l'anche de manière à ce que le bout du bec dépasse à peine du bout de l'anche.
· Serrez doucement les vis de ligature.

EMBOUCHEMENT
· Humectez vos lèvres et retournez la lèvre inférieure sur les dents du bas.
· Placez le bec sur la lèvre inférieure et appuyez les incisives du haut sur le bec. Elles doivent être à 1 cm environ du bord du bec. L'anche repose sur la lèvre inférieure.
· Fermez la bouche en entourant bien le bec, comme un caoutchouc. Remontez la langue pour qu'elle se voûte légèrement et plaque l'anche contre le bec.
· Gardez le menton baissé et légèrement décontracté.

Entretien de l'instrument

Lorsque vous avez fini de jouer, avant de ranger l'instrument dans son étui :

· Retirez l'anche, essuyez-la et rangez-la dans sa boîte.

· Démontez le bec et essuyez l'intérieur avec un chiffon propre.
Une fois par semaine, lavez le bec à l'eau tiède. Séchez-le bien.

· Démontez le bocal, secouez-le pour évacuer l'eau. Séchez-le avec un écouvillon.

· Faites passer le poids de l'écouvillon dans le pavillon. Faites passer plusieurs fois l'écouvillon dans le corps. Rangez l'instrument dans son étui.

· Si chaque partie est rangée correctement dans l'étui le couvercle se ferme sans problème. Dans le cas contraire, vérifiez l'emplacement des parties. Ne forcez jamais car vous risquez d'abîmer l'instrument.

EXERCICE D'EMBOUCHEMENT

Formez votre embouchement et respirez profondément sans lever les épaules. Murmurez « tu… » en expirant progressivement l'air de vos poumons. Efforcez-vous de produire un son uniforme.

    PAUSE   PAUSE

Prise en main

Étape 1 Prenez l'extrémité plate de l'anche dans votre bouche pour bien l'humecter pendant que vous assemblez l'instrument. Au besoin, appliquez un peu de graisse sur les lièges des tenons. Lavez-vous les mains.

Étape 2 Tenez le corps du saxophone de la main gauche et retirez le bouchon. Avec la main droite, glissez doucement le bocal sur le corps. Attention de ne pas tordre les clés. Serrez la vis de bocal.

Étape 3 Tournez doucement le bec sur le bocal pour que la moitié environ du liège reste à découvert. Fixez l'anche au bec (voir page 2).

Étape 4 Enfilez le cordon et attachez le crochet à l'anneau à l'arrière de l'instrument. Ajustez la longueur du cordon de manière à pouvoir facilement emboucher le bec.

bec
ligature
liège
bocal
vis de bocal
clé d'octave
support de pouce gauche
corps
pavillon
support de pouce droit

Étape 5 Placez le pouce droit sous le support de pouce. Placez le pouce gauche en diagonale sur le support de pouce gauche. Les doigts doivent se recourber naturellement. Tenez l'instrument comme sur le dessin.

SOLFÈGE

Identifiez et dessinez chacun de ces signes

Portée

La **portée** se compose de 5 lignes et 4 interlignes où l'on écrit les notes et les silences.

Lignes supplémentaires

Les **lignes supplémentaires** sont ajoutées au-dessous ou au-dessus de la portée pour écrire les notes qui se trouvent en dehors de celle-ci.

Mesures et barres de mesure

mesure   *mesure*

barre de mesure *barre de mesure* *barre de mesure*

Les **barres de mesure** divisent la musique en **mesures**.

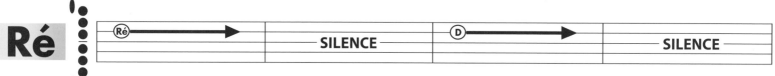

Note longue ⟶

Pour commencer, nous prendrons une note en valeur longue. Tenez la note jusqu'à ce que le professeur vous dise d'arrêter. Travaillez les notes soutenues tous les jours pour améliorer votre son.

1. LA PREMIÈRE NOTE

Tenez chaque note longue (sans mesure) jusqu'à ce que le professeur vous dise d'arrêter. `CD 1/1`

Ré

| Ré ⟶ | SILENCE | D ⟶ | SILENCE |

△ Pour jouer le Ré, appuyez sur toutes les clés indiquées en noir.

Les temps

Les **temps** marquent le rythme de la musique. Comme les battements du cœur, ils doivent être très réguliers. Pour cela, il est utile de compter à haute voix ou de taper du pied. Abaissez le pied sur chaque chiffre et relevez-le sur chaque « et » (&).

Un temps ou battement = 1   &
 ↓   ↑

Notes et silences

Les **notes** s'écrivent sur les lignes et dans les interlignes de la portée. Plus la note est placée sur les lignes ou dans les interlignes supérieures de la portée, plus elle est aiguë. Les figures (formes) de notes indiquent la durée des sons. À chaque figure de note correspond une figure de silence de même durée. Les **silences** indiquent le nombre de temps silencieux.

♩ **Noire = 1 temps**

𝄽 **Soupir = 1 temps de silence**

2. COMPTEZ ET JOUEZ

Une courte indication de pulsation (quatre clicks) précède le début du morceau. `CD 1/2`

Comptez : 1 & 2 & 3 & 4 &   1 & 2 & 3 & 4 &   1 & 2 & 3 & 4 &   1 & 2 & 3 & 4 &
Tapez du pied : ↓ ↑ ↓ ↑ ↓ ↑ ↓ ↑   ↓ ↑ ↓ ↑ ↓ ↑ ↓ ↑   ↓ ↑ ↓ ↑ ↓ ↑ ↓ ↑   ↓ ↑ ↓ ↑ ↓ ↑ ↓ ↑

3. UNE NOUVELLE NOTE `CD 1/3`

Vérifiez le doigté.

Do

| Do ⟶ | SILENCE | Do ⟶ | SILENCE |

4. UNE BONNE ÉQUIPE `CD 1/4`

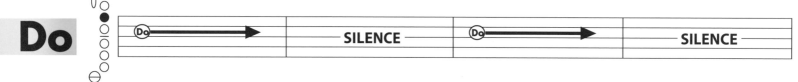

Comptez et tapez du pied : 1 & 2 & 3 & 4 &   1 & 2 & 3 & 4 &   1 & 2 & 3 & 4 &   1 & 2 & 3 & 4 &

5. LE CHEMIN D'EN BAS `CD 1/5`

Travaillez toutes les nouvelles notes sur des valeurs longues.

Si

| Si ⟶ | SILENCE | Si ⟶ | SILENCE |

6. LA MONTÉE `CD 1/6`

Comptez et tapez du pied : 1 & 2 & 3 & 4 &   1 & 2 & 3 & 4 &   1 & 2 & 3 & 4 &   1 & 2 & 3 & 4 &

Double barre — Indique la fin d'un morceau de musique

Barre de reprise — Sans vous arrêter, reprenez le morceau du début.

7. UN LONG VOYAGE CD1/7

La

Double barre ▼

La → | SILENCE | La → | SILENCE

8. QUATRE PAR QUATRE CD1/8

Barre de reprise ▼

La La La La | Si | Ré Ré Ré Ré | Do

Comptez et tapez du pied : **1** & **2** & **3** & **4** & | **1** & **2** & **3** & **4** & | **1** & **2** & **3** & **4** & | **1** & **2** & **3** & **4** &

9. ATTERRISSAGE CD1/9

Sol

Sol → | SILENCE | Sol → | SILENCE

10. LE CLUB DES CINQ CD1/10

Sol Sol Sol Sol | La | Ré Ré Do Do | Si

1 & **2** & **3** & **4** & | **1** & **2** & **3** & **4** & | **1** & **2** & **3** & **4** & | **1** & **2** & **3** & **4** &

Clé de Sol

La clé se place au début de la portée. Elle détermine le nom des notes et la hauteur des sons. La clé de Sol se place sur la 2e ligne de la portée (de bas en haut).

Chiffre indicateur de mesure

Le chiffre du haut indique le nombre de temps que contient chaque mesure. Le chiffre du bas indique le type de note qui équivaut à un temps.

= **4 temps** par mesure
= 1 temps vaut **1 noire**

Noms des notes

Les notes sont situées soit sur les lignes, soit dans les interlignes de la portée. Il y a sept noms de notes. Après avoir épuisé cette série, on recommence une seconde série identique à la première, puis une troisième, etc.

Dièse ♯ élève d'un demi-ton le son de la note devant laquelle il est placé et ce dans toute la mesure.

Bémol ♭ abaisse d'un demi-ton le son de la note devant laquelle il est placé et ce dans toute la mesure.

Bécarre ♮ annule l'effet de toute altération (dièse ou bémol) placée dans une mesure.

THEORIE

11. LISONS LES NOTES *Comparez cet exercice à l'exercice n° 10, LE CLUB DES CINQ* CD1/11

1 & **2** & **3** & **4** & | **1** & **2** & **3** & **4** & | **1** & **2** & **3** & **4** & | **1** & **2** & **3** & **4** &

12. PREMIER VOL CD1/12

13. TEST *Écrivez le nom des notes avant de jouer.* CD1/13

Sol La Si

Révision des notes
Mémorisez les doigtés des notes que vous avez apprises.

Ré　Do　Si　La　Sol

14. EN ROULANT　CD 1 / 14

Passez à la ligne suivante ▽

Double barre ▽

La blanche

= 2 temps

1　&　2　&

La demi-pause

= 2 temps

1　&　2　&

=

15. RAP RYTHMIQUE　*Marquez le rythme en tapant des mains et du pied tout en comptant.*　CD 1 / 15

Tapez

Barre de reprise ▽

1 & 2 & 3 & 4 &　1 & 2 & 3 & 4 &　1 & 2 & 3 & 4 &　1 & 2 & 3 & 4 &　1 & 2 & 3 & 4 &　1 & 2 & 3 & 4 &

16. DEMI D'OUVERTURE　CD 1 / 16

1 & 2 & 3 & 4 &　1 & 2 & 3 & 4 &　1 & 2 & 3 & 4 &　1 & 2 & 3 & 4 &　1 & 2 & 3 & 4 &　1 & 2 & 3 & 4 &

17. LES PETITS PAINS　*Vérifiez l'embouchement et la position des doigts.*　CD 1 / 17

Signe de respiration　,　Indique qu'il faut respirer.

18. GO TELL AUNT RHODIE　CD 1 / 18

Chanson traditionnelle américaine

19. TEST　*Avant de jouer, écrivez les notes sur la portée en vous aidant des noms et des rythmes ci-dessous.* *

CD 1 / 19

Do　Ré　Do　Si　Do　Si　La　Sol　La　Si　Do　Si　Do

La ronde

○ ——→ = 4 temps

1 & 2 & 3 & 4 &

La pause

= 4 temps de silence

1 & 2 & 3 & 4 &

La pause

se place sous
la 4e ligne de la portée.

La demi-pause

se place sur
la 3e ligne de la portée.

20. RAP RYTHMIQUE *Marquez le rythme en tapant des mains et du pied tout en comptant.* CD 1 / 20

Tapez

1 & 2 & 3 & 4 &   1 & 2 & 3 & 4 &   1 & 2 & 3 & 4 &   1 & 2 & 3 & 4 &   1 & 2 & 3 & 4 &   1 & 2 & 3 & 4 &

21. L'INTÉGRALE CD 1 / 21

1 & 2 & 3 & 4 &   1 & 2 & 3 & 4 &   1 & 2 & 3 & 4 &   1 & 2 & 3 & 4 &   1 & 2 & 3 & 4 &   1 & 2 & 3 & 4 &

Duo Composition à deux voix. Pour constituer un duo il faut deux instrumentistes.

22. DÉCISION PARTAGÉE – duo CD 1 / 22

A

B

L'armature **L'armature** est l'ensemble des signes d'altération (♯) et (♭) placé au début de la portée, juste après la clé, pour indiquer la tonalité d'un morceau. Cette armature indique la tonalité de Sol Majeur - les Fa sont tous dièsés.

THEORIE

23. PAS DE MARCHE CD 1 / 23

△ *Tous les Fa sont dièsés.*

24. ÉCOUTEZ NOS SECTIONS ! CD 1 / 24

Percussions   Bois   Cuivres   Percussions   Bois   Cuivres   Perc   Bois   Cuivres   Tous

25. PETIT JEAN CD 1 / 25

26. TEST *Insérez les barres de mesure avant de jouer.* CD 1 / 26

Point d'orgue 𝄐 Prolongez la durée de la note (ou du silence) aussi longtemps que le souhaite le professeur.

27. TOUJOURS PLUS HAUT – Nouvelle note *Travaillez toutes les nouvelles notes sur des valeurs longues.* CD 1 / 27

Mi

△ Mi

Point d'orgue

28. AU CLAIR DE LA LUNE CD 1 / 28

Chanson traditionnelle française

29. REMIX CD 1 / 29

THEORIE

Harmonie L'art de combiner simultanément plusieurs sons différents. Chaque combinaison forme un *accord*.

30. LONDON BRIDGE – duo CD 1 / 30

Chanson traditionnelle anglaise

A

B

HISTOIRE

Le compositeur autrichien **Wolfgang Amadeus Mozart** (1756-1791) était un enfant prodige qui fit ses débuts de musicien professionnel à l'âge de six ans. Sa musique est mélodique et pleine d'imagination. Il composa plus de 600 œuvres durant sa courte vie dont la célèbre *Petite Musique de Nuit* et l'opéra *La Flûte Enchantée*. L'une de ses nombreuses pièces pour piano s'inspire de la célèbre chanson *Ah, vous dirais-je Maman*.

31. MÉLODIE DE MOZART CD 1 / 31

Arrangement

32. TEST CD 1 / 32

Avant de jouer, insérez les symboles manquants aux endroits appropriés et écrivez les noms des notes :

33. DES POCHES PROFONDES – Nouvelle note `CD 1 / 33`

34. GRIBOUILLAGES `CD 1 / 34`

35. LA CORDE À SAUTER `CD 1 / 35`

Anacrouse — Une ou plusieurs notes qui précèdent la première mesure *entière*. La dernière mesure du morceau ne compte que le nombre de temps complétant la première mesure (mesure de levée).

36. DU TAC AU TAC `CD 1 / 36`

Nuances — *f* – forte (jouer fort)   *mf* – mezzo forte (jouer moyennement fort)   *p* – piano (jouer doucement)
Souvenez-vous de bien soutenir votre respiration pour pouvoir varier l'intensité sonore.

37. FORT ET DOUX `CD 1 / 37`

38. VIVE LE VENT — *Laissez vos doigts près des clés, recourbés de façon naturelle.* `CD 1 / 38`   J.S. Pierpont

39. MEIN DREYDL — *Soutenez bien la respiration à tous les niveaux d'intensité sonore.* `CD 1 / 39`   Chant de Noël yiddish

Deux croches

1 croche = un demi-temps
2 croches = 1 temps

Lorsque plusieurs croches se suivent, elles sont unies par une barre qui remplace le crochet.

40. RAP RYTHMIQUE *Tapez le rythme des mains et du pied tout en comptant.* CD 1 / 40

41. TOUT EN CROCHES CD 1 / 41

42. SKIP TO MY LOU CD 1 / 42 — Chanson traditionnelle américaine

43. AUTREFOIS *Une bonne posture améliore votre son. Tenez-vous toujours bien droit.* CD 1 / 43

44. OH! SUSANNA CD 1 / 44 — Stephen Collins Foster

HISTOIRE

Le compositeur italien **Gioacchino Rossini** (1792-1868) commença à composer dès l'adolescence. Il était excellent pianiste, altiste et corniste. Il a écrit *Guillaume Tell*, le dernier de ses quarante opéras, à l'âge de 37 ans. On entend souvent le célèbre thème de l'ouverture à la radio et à la télévision.

45. TEST – THÈME DE *GUILLAUME TELL* CD 1 / 45 — Gioacchino Rossini

Mesure à $\frac{2}{4}$

$\frac{2}{4}$ = **2 temps** par mesure
= 1 temps vaut **1 noire**

Battre la mesure

Exercez-vous à battre la mesure à deux temps.

46. RAP RYTHMIQUE `CD 1 / 46`

Tapez des mains

1 & 2 & 1 & 2 & 1 & 2 & 1 & 2 & 1 & 2 & 1 & 2 & 1 & 2 & 1 & 2 &

47. DEUX PAR DEUX `CD 1 / 47`

1 & 2 & 1 & 2 & 1 & 2 & 1 & 2 & 1 & 2 & 1 & 2 & 1 & 2 & 1 & 2 &

Indications de tempo

Le *tempo* indique le mouvement, plus ou moins rapide, à respecter pendant l'interprétation d'un morceau de musique. Les indications de tempo sont généralement en italien et sont placées au-dessus de la portée.

Allegro – Vif, allègre   **Moderato** – Modéré   **Andante** – Modéré (allant)

48. HIGH SCHOOL CADETS – Marche `CD 1 / 48`

John Philip Sousa

Allegro

f

49. PERSONNE À LA MAISON – Nouvelle note `CD 1 / 49`

Mi

Moderato

mf   △ Mi

Nuances

Crescendo
(en augmentant progressivement le son)

Decrescendo ou *Diminuendo*
(en décroissant, en diminuant progressivement le son)

50. TAPEZ LES NUANCES `CD 1 / 50`

Tapez

p ———— *f*   *f* ———— *p*

51. JOUEZ LES NUANCES `CD 1 / 51`

p ———— *f*   *f* ———— *p*

PIÈCES DE CONCERT

52. PIÈCES PRÉPARATOIRES CD 1 / 52

TRAVAIL DU SON

ÉTUDE DE RYTHME

RAP RYTHMIQUE

Tapez des mains

Tapez du pied !

CHORAL

53. AURA LEE – Duo ou arrangement pour orchestre CD 1 / 53

George R. Poulton

(Partie A =Ligne mélodique, Partie B = Accompagnement)

54. FRÈRE JACQUES – Canon CD 1 / 54

Chanson traditionnelle française

(Lorsque le groupe A atteint 2, le groupe B commence à 1)

PIÈCES DE CONCERT

55. WHEN THE SAINTS GO MARCHING IN – Arrangement pour orchestre `CD 1 / 55`   Arr. John Higgins

56. OLD MACDONALD HAD A BAND – Spécial sections `CD 1 / 56`

57. HYMNE À LA JOIE (extrait de la 9ᵉ Symphonie) `CD 1 / 57`   Ludwig van Beethoven
Arr. John Higgins

58. HARD ROCK BLUES – Pièce de rappel `CD 1 / 58`   John Higgins

14

Liaison de prolongation

La liaison de prolongation est une ligne courbe qui lie deux notes de même son. Elle indique qu'il faut ajouter la valeur de la seconde note à la valeur de la première.

 = 2 temps

59. LIAISON ÉTABLIE [CD 2/1]

2 temps △

60. ALOUETTE [CD 2/2]

Chanson traditionnelle française

3 temps △

Blanche pointée

 = 3 temps

1 & 2 & 3 &

点 ◄ point — Le point augmente de moitié la durée de la note.

2 temps + 1 temps = 3 temps

61. ALOUETTE – Suite [CD 2/3]

Chanson traditionnelle française

HISTOIRE

Le compositeur américain **Stephen Collins Foster** (1826-1864) est né près de Pittsburgh, en Pennsylvanie. Des chansons comme *Oh! Susanna*, devenue célèbre à l'époque de la ruée vers l'or (1849), en ont fait l'auteur-compositeur le plus connu de son époque. Parmi ses autres compositions célèbres, on citera *My Old Kentucky Home* et *Camptown Races*.

62. CAMPTOWN RACES [CD 2/4]

Stephen Colllins Foster

63. NOUVELLE ORIENTATION – Nouvelle note [CD 2/5]

Ré

△ Ré

64. LES NOBLES

Le débit d'air ne doit pas faiblir. Les doigts restent sur les clés, recourbés de façon naturelle. [CD 2/6]

3 temps △

65. TEST [CD 2/7]

Mesure à ¾

= **3 temps** par mesure

= 1 temps vaut **1 noire**

Battre la mesure

Exercez-vous à battre la mesure à trois temps.

66. RAP RYTHMIQUE [CD 2 / 8]

67. JAM SESSION À TROIS TEMPS [CD 2 / 9]

68. BARCAROLLE [CD 2 / 10]

Jacques Offenbach

Moderato

En 1875, le compositeur norvégien **Edvard Grieg** (1843-1907) compose la musique de scène pour *Peer Gynt*, un drame fantastique d'Henrik Ibsen. *Au Matin* constitue un des quatre tableaux de la suite orchestrale *Peer Gynt*. La musique de scène est une musique d'accompagnement, comme la musique pour le cinéma ou la télévision.

69. AU MATIN (extrait de *Peer Gynt*) [CD 2 / 11]

Edvard Grieg

Andante

Accent

Accentuez la note.

70. ACCENTUEZ VOTRE TALENT [CD 2 / 12]

Les racines de la **musique latino-américaine** se trouvent dans les cultures africaine, amérindienne, espagnole et portugaise. Très variée, cette musique se caractérise par un accompagnement dynamique de tambours et autres accessoires de percussion (maracas, claves, etc.). La musique latino-américaine influence encore le jazz, la musique classique et la musique pop. *Las Chiapanecas* est un air traditionnel accompagnant les danses et les jeux des enfants.

71. LAS CHIAPANECAS [CD 2 / 13]

Air traditionnel d'Amérique latine

72. EXERCICE DE CRÉATIVITÉ *Composez votre propre musique pour les mesures 3 et 4 sur le rythme indiqué :*

[CD 2 / 14]

THEORIE

Altération accidentelle

Un dièse, un bémol ou un bécarre placé devant une note et ne figurant pas dans l'armature est qualifié d'**altération accidentelle**.

Bécarre ♮

Le **bécarre** annule l'effet de toute altération (dièse ou bémol) placée dans une mesure.

73. CROISSANTS CHAUDS – Nouvelle note `CD 2 / 15`

Fa

Le bécarre s'applique à tous les Fa de la mesure.

△ Fa

74. DANSE COSAQUE `CD 2 / 16`

75. BLUES DE BASE – Nouvelle note `CD 2 / 17`

Fa

Le bécarre s'applique à tous les Fa de la mesure.

THEORIE

Nouvelle armature

L'absence d'armature indique la **tonalité de Do Majeur** (ni dièses, ni bémols).

Mesures de 1ʳᵉ et 2ᵉ fois

Jouez le morceau jusqu'à la mesure de 1ʳᵉ fois, reprenez au début et passez directement à la mesure de 2ᵉ fois.

76. HAUT VOL `CD 2 / 18`

HISTOIRE

Les origines de la **musique traditionnelle japonaise** se trouvent dans la Chine antique. Les mélodies traditionnelles comme *Sakura, Sakura* étaient jouées sur des instruments tels que le **Koto**, une sorte de cithare à 13 cordes qui remonte à plus de 4000 ans, et le **Shakuhachi**, une flûte en bambou. Le son unique de cette vieille mélodie japonaise provient de l'emploi de la gamme pentatonique, qui est formée de cinq sons seulement.

77. SAKURA, SAKURA – Arrangement pour orchestre `CD 2 / 19`

Chanson traditionnelle japonaise

Arr. John Higgins

78. PERCHÉS SUR UN TOIT CD 2 / 20

79. BON VIEUX SAINT NICOLAS – Duo CD 2 / 21

Chanson traditionnelle américaine

Voir page 9 pour d'autres airs de Noël, **Mein Dreydl** *et* **Vive le vent.**

80. LE GRAND SOUFFLE – Nouvelle note CD 2 / 22

81. VALSE EXTRAITE DE *LA VEUVE JOYEUSE* CD 2 / 23

Franz Lehár

82. À L'ANTENNE CD 2 / 24

83. RETOUR DE L'ALOUETTE CD 2 / 25

84. TEST CD 2 / 26

85. EXERCICE DE CRÉATIVITÉ *Improvisez vos propres rythmes en utilisant ces notes :* CD 2 / 27

EXERCICES PRÉPARATOIRES QUOTIDIENS

POUR DÉVELOPPER LA SONORITÉ ET LA TECHNIQUE

86. TRAVAIL DU SON *Le débit d'air doit être régulier.* `CD 2/28`

87. TRAVAIL DU RYTHME `CD 2/29`

88. TRAVAIL DE LA TECHNIQUE *Pivotez le pouce jusqu'à la clé d'octave. Laissez-le toujours sur le support de pouce gauche.*
`CD 2/30`

89. CHORAL : JÉSUS QUE MA JOIE DEMEURE *(extrait de la Cantate BWV 147)* `CD 2/31` Jean-Sébastien Bach

THEORIE

Thème et variations Forme musicale comprenant une mélodie principale, le **thème**. Les **variations** consistent à modifier le thème.

90. VARIATIONS SUR UN THÈME CONNU `CD 2/32`

D.C. al Fine Répétition d'un morceau à partir du début jusqu'à un endroit de la partition signalé par le mot **Fine** (ou Fin), qui termine également le morceau.
Da Capo signifie « à partir du début », **al Fine** signifie « jusqu'à la fin ».

91. BANANA BOAT SONG `CD 2/33` Chanson traditionnelle des Caraïbes

Dièse ♯ élève d'un demi-ton le son de la note devant laquelle il est placé et ce dans toute la mesure.

92. AU BORD DE L'ABÎME – Nouvelle note `CD 2/34`

▲ Do♯

93. LA BOÎTE À MUSIQUE `CD 2/35`

▲ Do♯

Les **spirituals**, une forme de chant religieux afro-américain, sont nés vers la fin du XVIIIᵉ siècle, pendant la période d'esclavage aux États-Unis. Ils réunissent des éléments des chants religieux européens et des formules rythmiques dérivées de la tradition africaine. La première collection de spirituals fut publiée en 1867, quatre ans après l'introduction de la loi contre l'esclavage.

94. EZEKIEL SAW THE WHEEL `CD 2/36`   Spiritual afro-américain

Liaison d'expression La **liaison d'expression** est une ligne courbe qui se place sur deux ou plusieurs notes différentes. Elle indique qu'il faut les lier entre elles et en soutenir le son.

95. LA MAIN DANS LA MAIN `CD 2/37`

▲ 2 notes liées : seule la première est détachée.

96. GLISSADES `CD 2/38`

▲ 4 notes liées : seule la première est détachée.

Le **ragtime** est un style musical américain très populaire entre les années 1890 et la Première Guerre mondiale. Cette première forme de jazz a rendu célèbres des pianistes tels que Jelly Roll Morton et Scott Joplin, auteur de *The Entertainer* et *Maple Leaf Rag*. Des compositeurs de musique savante, comme Igor Stravinski et Claude Debussy, se sont inspirés du ragtime.

97. RAG DES TROMBONES `CD 2/39`

98. TEST `CD 2/40`

99. LE GRAND JEU - Nouvelle note [CD 2 / 41]

△ Fa♯   △ Do

THEORIE

Phrase

Une **phrase** musicale est formée de mesures qui constituent un groupe homogène, une ligne mélodique.

La **phrase** musicale organise la durée de la musique comme les phrases d'un texte en littérature.

Essayez de jouer une **phrase** sans respirer.

100. UN VENT FRAIS [CD 2 / 42]

Phrase   Phrase

p   mf   p

101. PHRASÉOLOGIE *Séparez les phrases par un signe de respiration.* [CD 2 / 43]

f   △ Fa   p   f

THEORIE

Nouvelle armature

Cette armature indique la *tonalité de Ré Majeur* – les Fa et les Do sont tous diésés.

Plusieurs mesures de silence

Le chiffre au-dessus de la portée indique le nombre de mesures. entières de silence. Comptez les mesures pour reprendre au bon moment.

2

1-2-3-4 **2**-2-3-4

102. SATIN LATIN [CD 2 / 44]

Allegro

mf

2

1-2-3-4 **2**-2-3-4

mf

HISTOIRE

Le compositeur allemand **Jean-Sébastien Bach** (1685-1750), qui appartenait à une grande famille de musiciens réputés, devint le compositeur le plus admiré de l'époque baroque. D'abord membre d'un chœur, Bach devint bientôt organiste, professeur et compositeur – son œuvre abondante totalise plus de 600 compositions. Ce *Menuet*, une danse de cour à 3 temps, fut écrit en tant qu'exercice pour clavecin.

103. MENUET – duo [CD 2 / 45]

Jean-Sébastien Bach

Moderato

A   mf

B   mf

104. EXERCICE DE CRÉATIVITÉ

[CD 2 / 46]

Cette mélodie peut être jouée en 3/4 ou en 4/4. Écrivez au crayon l'une des deux mesures à la clé et dessinez les barres de mesure avant de jouer. Ensuite, effacez les barres de mesure et essayez l'autre mesure à la clé. Les phrases donnent-elles une impression différente ?

105. NATURELLEMENT CD 2 / 47

Le compositeur autrichien **Franz Schubert** (1797-1828) a vécu moins longtemps que n'importe quel autre grand compositeur, mais il a écrit une quantité incroyable de musique : entre autres, plus de 600 *lieder* pour voix et piano, dix symphonies, de la musique de chambre, des opéras, des œuvres chorales et des pièces pour piano. Sa *Marche Militaire* était à l'origine écrite pour piano à 4 mains.

106. MARCHE MILITAIRE CD 2 / 48

Franz Schubert

Bémol ♭ abaisse d'un demi-ton le son de la note devant laquelle il est placé et ce dans toute la mesure.

107. ZONE BÉMOLISÉE – Nouvelle note CD 2 / 49

108. ON TOP OF OLD SMOKEY CD 2 / 50

Chanson traditionnelle américaine

Le **boogie-woogie** est un style pianistique de jazz, né au début du XXe siècle. Il s'agit d'une forme instrumentale issue du blues, mais sur un rythme beaucoup plus rapide. En 1928, Clarence « Pine Top » Smith utilisa le terme pour la première fois sur un disque, *Pine Top's Boogie Woogie.*

109. BOTTOM BASS BOOGIE – duo CD 2 / 51

22

Noire pointée Croche

♩. → ♪ = 2 temps
1 & 2 &

Le **point** augmente de moitié la durée de la note.

1 & 2 &

La hampe d'une **croche** seule est dotée d'un crochet.

110. RAP RYTHMIQUE CD 2 / 52

Tapez
1 & 2 & 3 & 4 & | 1 & 2 & 3 & 4 & | 1 & 2 & 3 & 4 & | 1 & 2 & 3 & 4 &

111. MISE AU POINT CD 2 / 53

1 & 2 & 3 & 4 & | 1 & 2 & 3 & 4 & | 1 & 2 & 3 & 4 & | 1 & 2 & 3 & 4 &

112. TOUTE LA NUIT CD 2 / 54

Fine   D.C. al Fine

mf   p

113. CHANSON DE MARINS *Le débit d'air ne doit pas faiblir.* CD 2 / 55   Chanson traditionnelle anglaise

Moderato

f

mf   f

114. SCARBOROUGH FAIR CD 2 / 56   Chanson traditionnelle anglaise

Andante

mf

f   mf   p

115. RAP RYTHMIQUE CD 2 / 57

Tapez
1 & 2 & 3 & 4 & | 1 & 2 & 3 & 4 & | 1 & 2 & 3 & 4 & | 1 & 2 & 3 & 4 &

116. ROTATION CD 2 / 58

1 & 2 & 3 & 4 & | 1 & 2 & 3 & 4 & | 1 & 2 & 3 & 4 & | 1 & 2 & 3 & 4 &

117. TEST – CE N'EST QU'UN AU REVOIR CD 2 / 59   Chanson traditionnelle écossaise

Andante

mf   △ *Vérifiez le rythme*   f

PIÈCES DE CONCERT

Solo avec accompagnement au piano

Ce solo peut être interprété avec ou sans accompagnement au piano. La mélodie est extraite de la *Symphonie n° 9 (« du Nouveau Monde »)* du compositeur tchèque **Antonin Dvořák** (1841-1904). Composée entre janvier et mai 1893 à New York, cette symphonie s'inspire de chants traditionnels américains et de spirituals. Le *Largo* en est le mouvement le plus célèbre.

118. THÈME – SYMPHONIE N° 9 « DU NOUVEAU MONDE » CD 2 / 60

Antonin Dvořák

Accompagnement de piano

Les bons musiciens savent motiver les autres. Sur cette page, les clarinettistes travaillent le registre aigu de leur instrument (Sauts de chat). Les cuivres travaillent la souplesse des lèvres, tandis que les percussionnistes se concentrent sur les combinaisons de doigtés. Le succès de votre orchestre dépend des efforts et de la motivation de tous ses membres.

119. SAUTS DE CHAT N° 1 [CD 3 / 1]

120. SAUTILLEMENTS [CD 3 / 2]

121. SAUTS DE CHAT N° 2 – Nouvelle note [CD 3 / 3]

△ La

122. SAUTS DE JOIE [CD 3 / 4]

123. SAUTS DE CHAT N° 3 [CD 3 / 5]

124. SAUTE-MOUTON [CD 3 / 6]

THEORIE

Intervalle

On appelle **intervalle** la distance qui sépare deux notes. En commençant avec « 1 » pour la note la plus grave, comptez chaque ligne et chaque interligne (nombre de degrés) entre les notes. Le numéro de la note la plus aiguë correspond à l'intervalle entre les deux notes.

125. TEST

Écrivez les noms des intervalles, en comptant à partir de la note la plus grave. [CD 3 / 7]

Intervalle : [seconde]

126. SAUTS DE CHAT N° 4 ⟦CD 3 / 8⟧

127. TROIS PAR TROIS ⟦CD 3 / 9⟧

128. SAUTS DE CHAT N° 5 ⟦CD 3 / 10⟧

129. EXERCICE DE TECHNIQUE ⟦CD 3 / 11⟧

130. CROISEMENT ⟦CD 3 / 12⟧

Trio Un **trio** est une composition à trois voix.
Travaillez ce trio avec deux autres musiciens et écoutez bien l'harmonie des trois parties.

131. KUMBAYA – trio *Vérifiez toujours l'armature.* ⟦CD 3 / 13⟧ Chanson traditionnelle africaine

Barres de reprise

Répétez le passage situé entre les **barres de reprise**.
*(Lorsque les mesures de 1re et 2e fois sont intégrées dans le passage à répéter,
il suffit alors revenir au premier signe de reprise et non au début du morceau.)*

132. MICHAEL ROW THE BOAT ASHORE [CD 3 / 14]

Spiritual afro-américain

Andante

133. VALSE AUTRICHIENNE [CD 3 / 15]

Chanson traditionnelle autrichienne

Moderato

134. BOTANY BAY [CD 3 / 16]

Chanson traditionnelle australienne

Allegro

THEORIE

Signe C

= mesure à quatre-quatre (4/4)

Battre la mesure

Exercez-vous à battre la mesure à quatre temps.

135. EXERCICE DE TECHNIQUE *Travaillez cet exercice à tous les niveaux d'intensité sonore.* [CD 3 / 17]

136. FINLANDIA [CD 3 / 18]

Jean Sibelius

Andante

137. EXERCICE DE CRÉATIVITÉ

[CD 3 / 19]

*Créez vos propres variations en ajoutant, au crayon, un point et un crochet
pour changer le rythme de n'importe quelle mesure de | ♩ ♩ | en | ♩. ♪ |*

138. GRANDS SAUTS DE CHAT [CD 3 / 20]

139. EXERCICE DE TECHNIQUE *Vérifiez toujours l'armature. Entourez les notes délicates.* [CD 3 / 21]

140. ENCORE UN EXERCICE DE TECHNIQUE [CD 3 / 22]

141. DU, DU LIEGST MIR IM HERZEN [CD 3 / 23]

Chanson traditionnelle allemande

Moderato

mf

142. THE SAINTS GO MARCHIN' AGAIN [CD 3 / 24]

James Black et Katherine Purvis

Allegro

f

143. CHAT PERCHÉ [CD 3 / 25]

Do

Doigté alternatif

Do (doigté alternatif).

Do (doigté alternatif).

144. UNE BELLE TRAVERSÉE [CD 3 / 26]

145. ENCORE DES SAUTS DE CHAT [CD 3 / 27]

146. TRAITEMENT COMPLET [CD 3 / 28]

△ *Do (doigté alt.)*

THEORIE

Gamme

Une **gamme** est une série ascendante ou descendante de sons conjoints. Pour former une gamme on utilise sept notes de noms différents plus une, la huitième qui n'est que la répétition de la première note à l'octave supérieure. La gamme peut être Majeure ou mineure. La gamme présentée ci-dessous est celle de Sol Majeur, c'est-à-dire qu'elle commence et se termine par la note Sol. L'intervalle entre les deux Sol est une octave.

147. GAMME DE DO MAJEUR `CD 3 / 29`

THEORIE

Accords et arpèges

Un **accord** est défini comme l'association de trois sons ou plus joués ensemble.
L'accord Majeur de trois sons est constitué de la note fondamentale (1er degré de la gamme), de la tierce (3e degré de la gamme) et de la quinte (5e degré de la gamme).
Dans le cas d'un **accord brisé (arpège)**, les notes sont jouées successivement au lieu d'être jouées ensemble.

148. EN HARMONIE *Divisez les notes des accords entre les membres de l'orchestre et jouez-les.* `CD 3 / 30`

149. GAMME ET ARPÈGE `CD 3 / 31`

HISTOIRE

Le compositeur autrichien **Joseph Haydn** (1732-1809) a écrit 108 symphonies. Ces œuvres, dont beaucoup ont reçu un nom, se distinguent par un langage musical élégant et original, unique à l'époque. La *Symphonie n° 84* a été surnommée « *La Surprise* » parce que le deuxième mouvement, très doux, comprend un accord fortissimo très inattendu prétendument destiné à réveiller un public assoupi. Il existe plusieurs autres explications tentant d'élucider l'origine de cet effet sonore tonitruant qu'Haydn a ajouté après coup puisqu'il ne figure pas dans le manuscrit original.

150. THÈME DE LA SYMPHONIE N° 94, « LA SURPRISE » `CD 3 / 32`

Joseph Haydn

151. TEST – THE STREETS OF LAREDO `CD 3 / 33`

Écrivez les noms des notes avant de jouer.

Chanson traditionnelle américaine

PIÈCES DE CONCERT

152. SCHOOL SPIRIT – Arrangement pour orchestre CD3/34

W.T. Purdy
Arr. John Higgins

Soli	Le terme **solo** — au pluriel, des **solos** ou des **soli** — désigne une œuvre ou un fragment d'œuvre interprété par un ou plusieurs musicien soliste. Identifiez les instruments qui jouent les passages soli.

153. CARNAVAL DE VENISE – Arrangement pour orchestre CD3/35

Julius Benedict
Arr. John Higgins

EXERCICES PRÉPARATOIRES QUOTIDIENS
POUR DÉVELOPPER LA SONORITÉ ET LA TECHNIQUE

154. TRAVAIL DE L'ÉTENDUE ET DE LA SOUPLESSE CD3/36

155. TRAVAIL DE LA TECHNIQUE CD3/37

156. CHORAL CD3/38

Jean-Sébastien Bach

Do (doigté alt.) ▼

HISTOIRE

La mélodie traditionnelle hébraïque *Hatikvah* est l'hymne national d'Israël depuis la naissance de ce pays, en 1948.

---

157. HATIKVAH CD3/39

Hymne national d'Israël

Andante

165. AIR DE DANSE – Nouvelle note [CD 3 / 47]

Mi♭

△ Mi♭

Le compositeur et chef américain **John Philip Sousa** (1854-1932) a écrit 136 marches. Surnommé « le roi de la marche », Sousa est l'auteur de *The Stars and Stripes Forever, Semper Fidelis, The Washington Post* et bien d'autres œuvres patriotiques.
À chaque fois que Sousa parcourt le monde avec son propre Orchestre à Vent, le public est ébloui par l'excellence des interprétations. On doit lui reconnaître une grande part de mérite dans le développement de l'Orchestre d'Harmonie tel que nous le connaissons aujourd'hui. La mélodie de l'exercice suivant est extraite de sa célèbre opérette, *El Capitan*.

166. EL CAPITAN [CD 3 / 48]

John Philip Sousa

Allegro

△ Fa#

Ô Canada, précédemment intitulée *Chanson nationale*, fut jouée pour la première fois en 1880 dans la région francophone du Canada. Cette œuvre fut traduite en anglais par Robert Stanley Weir en 1908, mais elle ne devint l'hymne national du Canada qu'en 1980, un siècle après sa création.

167. Ô CANADA [CD 3 / 49]

Calixa Lavallée, Adolphe B. Routhier et R.S. Weir

Maestoso (Majestueusement)

168. TEST – SUR MESURE [CD 3 / 50]

Comptez et tapez cet exercice avant de le jouer. Sauriez-vous le diriger ?

Enharmonie

L'enharmonie désigne la synonymie qui existe entre deux notes de noms différents mais affectées toutes deux au même son (et produites avec le même doigté). Le tableau de doigté qui se trouve pages 46-47 de votre manuel indique le doigté des **notes enharmoniques** (ou **notes synonymes**) pour votre instrument.

Sur le clavier d'un piano, chaque touche noire correspond à la fois à une note bémolisée et diésée.

169. LE CHARMEUR DE SERPENTS
Deux notes enharmoniques sont jouées avec le même doigté. CD 4 / 1

△ Mib   △ Ré#

170. OMBRES PORTÉES CD 4 / 2

△ Anacrouse

171. RENCONTRES *Deux notes enharmoniques sont jouées avec le même doigté.* CD 4 / 3

△ La#   △ Sib

172. MARCHE SLAVE CD 4 / 4

Piotr Ilitch Tchaïkovski

173. NOTES DÉGUISÉES CD 4 / 5

Notes chromatiques

Une **gamme chromatique** est une gamme qui comprend la totalité des douze notes du système musical (autrement dit, l'ensemble des touches blanches et noires d'un clavier de piano qui se trouvent dans une intervalle d'octave). On appelle **notes chromatiques**, les notes qui constituent la gamme chromatique. Deux notes chromatiques sont séparées par un demi-ton.

174. ÉTUDE EN DEMI-TONS CD 4 / 6

Doigté alternatif

△ Fa# (doigté alt.)   △ Fa# (doigté alt.)

HISTOIRE

Les œuvres du compositeur français **Camille Saint-Saëns** (1835-1921) s'étendent à tous les genres musicaux, de l'opéra à la musique sacrée, de la symphonie à la musique de chambre. La *Danse Égyptienne* est un des principaux thèmes du célèbre opéra *Samson et Dalila*, écrit en 1877. Parmi ses œuvres les plus célèbres, on citera la grande fantaisie zoologique, *Le Carnaval des animaux*.

175. DANSE ÉGYPTIENNE   *Faites attention aux notes enharmoniques.*   CD 4 / 7

Camille Saint-Saëns

△ Fa♯ (doigté alt.)

176. BARQUE SOUS UNE LUNE D'ARGENT   CD 4 / 8

Chanson traditionnelle chinoise

HISTOIRE

Incompris de ses contemporains, le compositeur allemand **Ludwig van Beethoven** (1770-1827) est aujourd'hui l'un des compositeurs les plus universellement admirés. Sa surdité et son tempérament bouillonnant font de sa vie une légende.

Ses neuf symphonies et ses concertos pour piano sont les œuvres les plus connues. Sa *9ᵉ Symphonie* est interprétée lors de diverses célébrations festives telles que la cérémonie marquant la réunification de l'Allemagne, en octobre 1990.

Voici le thème du 2ᵉ mouvement de sa *7ᵉ Symphonie*.

177. THÈME (7ᵉ SYMPHONIE) – Duo   CD 4 / 9

Ludwig van Beethoven

Le compositeur russe **Piotr Ilitch Tchaïkovski** (1840-1893) a révolutionné l'histoire de la musique en donnant au ballet ses lettres de noblesse. Il triomphe avec *Le Lac des Cygnes*, *La Belle au Bois Dormant* et *Casse-Noisette*. Tchaïkovski est également l'auteur de six symphonies, de l'*Ouverture 1812* et du *Capriccio italien*, tous deux été écrits en 1880.

178. CAPRICCIO ITALIEN *Vérifiez toujours l'armature.* CD 4 / 10

Piotr Ilitch Tchaïkovski

179. AMERICAN PATROL CD 4 / 11

F.W. Meacham

Do (doigté alt.)

180. WAYFARING STRANGER CD 4 / 12

Spiritual afro-américain

181. TEST – MAÎTRISE DES GAMMES CD 4 / 13

PIÈCES DE CONCERT

182. AMERICA THE BEAUTIFUL – Arrangement pour orchestre `CD 4 / 14`

Samuel A. Ward
Arr. John Higgins

183. LA CUCARACHA – Arrangement pour orchestre `CD 4 / 15`

Chanson traditionnelle latino-américaine
Arr. John Higgins

PIÈCES DE CONCERT

184. THÈME (EXTRAIT DE L'*OUVERTURE 1812*) – Arrangement pour orchestre

Piotr Ilitch Tchaïkovski
Arr. John Higgins

CD 4 / 16

PIÈCES DE CONCERT

Solo avec accompagnement au piano

Pour un musicien, jouer en public est une expérience particulièrement stimulante.
Ce solo est extrait de la *Sérénade en Sol Majeur KV 525*, connue sous le titre de *Eine kleine Nachtmusik (Une petite musique de nuit)*. **Wolfgang Amadeus Mozart** composa cette œuvre en 1787.

185. UNE PETITE MUSIQUE DE NUIT – Solo *(Accompagnement de piano en Mi♭ Majeur)*

Wolfgang Amadeus Mozart
Arr. John Higgins

CD 4 / 17

DUOS

Voici pour vous l'occasion de jouer en duo avec un ami. L'autre musicien n'est pas obligé de jouer du même instrument que vous. Essayez de vous accorder parfaitement en termes de rythme, de justesse et de sonorité. Au bout d'un moment, vous arriverez peut-être à donner l'impression que les deux parties sont jouées par une seule personne !

Ensuite, essayez d'inverser les rôles.

186. SWING LOW, SWEET CHARIOT – duo CD 4 / 22 — Spiritual afro-américain

187. LA BAMBA – duo CD 4 / 23 — Chanson traditionnelle mexicaine

ÉTUDE DES GAMMES DE RUBANK®

TONALITÉ DE SOL MAJEUR *Dans cette tonalité, les Fa sont diésés.*

TONALITÉ DE DO MAJEUR

ÉTUDE DES GAMMES DE RUBANK®

TONALITÉ DE RÉ MAJEUR   *Dans cette tonalité, tous les Fa et Do sont diésés.*

TONALITÉ DE FA MAJEUR   *Dans cette tonalité, les Si sont tous bémolisés.*

ÉTUDES DE RYTHME

CD 4 / 40 (tempo lent)
CD 4 / 41 (tempo rapide)

ÉTUDES DE RYTHME

CD 4 / 42 (tempo lent)
CD 4 / 43 (tempo rapide)

CD 4 / 44 (tempo lent)
CD 4 / 45 (tempo rapide)

COMPOSITION MUSICALE

Composition

Dans le domaine musical, la **composition** est l'art d'écrire une œuvre imaginée par soi-même. Le processus commence souvent par la création d'une mélodie composée de **phrases** individuelles, comme on le ferait pour un texte. Certaines mélodies comportent des phrases qui semblent répondre à d'autres phrases ressemblant à des questions, comme dans l'*Hymne à la joie* de Beethoven. Jouez cette mélodie et écoutez comme les phrases 2 et 4 répondent de façon légèrement différente à la même « question » (phrases 1 et 3).

1. HYMNE À LA JOIE

Ludwig van Beethoven

2. QUESTIONS ET RÉPONSES *Écrivez vos propres « réponses » aux phrases 1 et 3 de cette mélodie.*

3. CRÉATION DE PHRASES *Écrivez 4 phrases différentes selon le rythme indiqué au-dessus de chaque portée.*

4. PREMIÈRE COMPOSITION : _____

Prenez l'une des phrases (A, B, C ou D) ci-contre et reproduisez-la dans les parties « Question » ci-dessous. Ensuite, écrivez 2 réponses différentes (phrases 2 et 4).

Improvisation

L'**improvisation** est une manière d'inventer librement et de jouer simultanément de la musique. Servez-vous des notes données pour jouer votre propre mélodie (ligne A) en harmonie avec l'accompagnement (ligne B).

5. MÉLODIE INSTANTANÉE

Cette page vous permet de noter vos progrès par rapport à ce livre. Coloriez les étoiles selon les directives de votre professeur.

ESSENTIAL ELEMENTS

TABLEAU D'HONNEUR

NOM : _____

1. Pages 2-3, Éléments de base
2. Page 5, Test, n° 13
3. Page 6, Test, n° 19
4. Page 7, Test, n° 26
5. Page 8, Test, n° 32
6. Page 10, Test, n° 45
7. Page 12, Pièces de concert
8. Page 14, Test, n° 65
9. Page 15, Exercice de créativité, n° 72
10. Page 17, Test, n° 84
11. Page 17, Exercice de créativité, n° 85
12. Page 19, Test, n° 98
13. Page 20, Exercice de créativité, n° 104
14. Page 21, Exercice n° 109

15. Page 22, Test, n° 117
16. Page 23, Pièces de concert
17. Page 24, Test, n° 125
18. Page 26, Exercice de créativité, n° 137
19. Page 28, Exercice n° 149
20. Page 28, Test, n° 151
21. Page 29, Pièces de concert
22. Page 31, Test, n° 164
23. Page 32, Test, n° 168
24. Page 33, Exercice n° 174
25. Page 35, Test, n° 181
26. Page 36, Pièces de concert
27. Page 37, Pièces de concert
28. Page 38, Pièces de concert

LA MUSIQUE – UN ÉLÉMENT ESSENTIEL DE LA VIE

TABLEAU DE DOIGTÉ
SAXOPHONE ALTO EN MI♭

Entretien de l'instrument - Rappel

Lorsque vous avez fini de jouer, avant de ranger l'instrument dans son étui :

- Retirez l'anche, essuyez-la et rangez-la dans sa boîte.
- Démontez le bec et essuyez l'intérieur avec un chiffon propre. Une fois par semaine, lavez-le à l'eau tiède. Séchez-le bien.
- Démontez le bocal, secouez-le pour évacuer l'eau. Séchez-le avec un écouvillon.
- Faites passer le poids de l'écouvillon dans le pavillon. Faites passer plusieurs fois l'écouvillon dans le corps. Rangez l'instrument dans son étui.
- Si chaque partie est rangée correctement dans l'étui le couvercle se ferme sans problème. Dans le cas contraire, vérifiez l'emplacement des parties. Ne forcez jamais car vous risquez d'abîmer l'instrument.

○ = Clé ouverte
● = Clé fermée

Lorsque deux doigtés sont indiqués pour une même note, le plus courant paraît en premier.

Photo reproduite avec l'aimable autorisation de Yamaha Musique France.

TABLEAU DE DOIGTÉ SAXOPHONE ALTO EN MI♭

INDEX